Heiner Beyer

MALEN UND ZEICHNEN

Einführung in die Grundtechniken

Compact Verlag

Mit diesem Buch wird Malen und Zeichnen leichtgemacht: Jede Anleitung hat detaillierte Materialangaben und ist leicht verständlich beschrieben. Von der kräftigen Kohlezeichnung über zarte Aquarelle bis zur anspruchsvollen Ölmalerei haben wir eine reiche Auswahl von Arbeitsanleitungen zusammengestellt und mit zahlreichen Abbildungen versehen. In einführenden Kapiteln erläutern wir die zu Grunde liegenden Techniken und geben viele wichtige Tips. Die jahrelange Praxis des Autors, Herrn Beyer, garantiert Ihnen gutes Gelingen und Freude am Selbermachen.

Inhalt

Stilleben mit Tasse und Glas, Kreide auf Tonpapier, weiß gehöht

Unkomplizierte Grundtechniken entdecken

Sie beginnen zu experimentieren und üben so lange, wie es Ihnen Freude bereitet.

Federhalter und Zeichenfeder, Druckbleistift.

Kreiden, Zeichenkohle, Graphitstifte, Graphitminen für Druckbleistifte, Bleistifte, Tusche.

Kreiden und Kohlen kosten meist weniger als 1 DM. Graphitstifte oder Druckbleistifte erhalten Sie für unter 2 DM. Lediglich für Federhalter mit Zeichenfeder und Tusche sind etwa 6 DM zu veranschlagen. Ingrespapier 48 × 63 cm kostet etwa 0,75 DM, Cansonpapier 50 × 65 cm 1,80 DM. Einen Skizzenblock 50 Blatt, 32 × 24 cm bekommen Sie für weniger als 10 DM.

Auf halbrauhem Papier sehen Sie Strichbeispiele für Kreide, Graphitstift 6B, Druckbleistift 2B und Tusche mit Feder. Mit diesen Zeichenmitteln läßt sich auf allen Papieren und Pappen arbeiten.

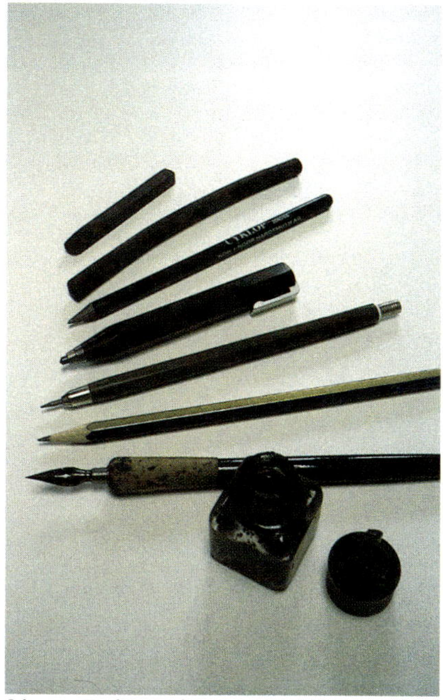

Schwarze Zeichenmittel

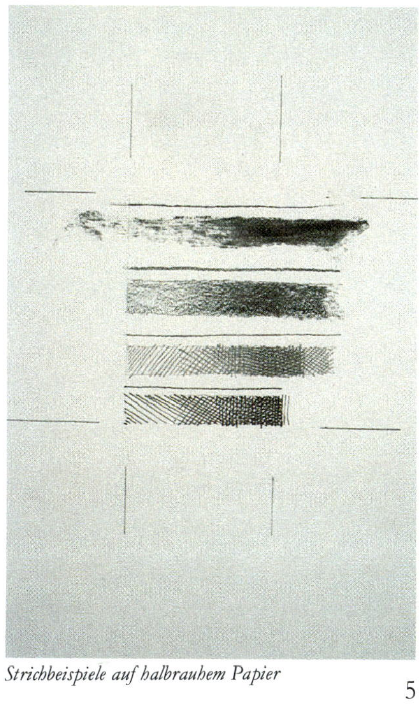

Strichbeispiele auf halbrauhem Papier

Bleistiftzeichnung – Ein Haus in der Landschaft

1. Auf halbrauhem, festem Zeichenpapier markieren Sie mit einem Bleistift, Härte 2B, zunächst die wichtigsten Linien und Flächen: Der Horizont, der Verlauf des Straßenrandes, die Achse und der Umriß des Baumes umgeben die Silhouette des Hauses. Mit wenigen Strichen werden Garten und Nebengebäude angedeutet.
2. Suchen Sie nun die Lage der Fenster, wobei eine zarte Mittellinie auf den Gebäudeflächen hier sehr hilfreich ist. Dann zeichnen Sie mit kräftigem Strich die Flächen von Fensterläden und -scheiben, Sprossen und Rahmen der Fenster sparen Sie einfach aus. Mit ein paar freien Strichen wird die wuchernde Hecke am linken Gartenzaun angedeutet, die wenigen kurzen Senkrechten zeigen die Zaunpfähle.
3. Mit leichter Hand zeichnen Sie den kahlen Laubwald im Hintergrund, harte Zick-Zack-Bewegungen charakterisieren die Tanne neben dem Haus. Sonnenschein zeigen Sie mit den Schatten unter den Dachüberständen und der unterbrochenen Struktur der Dacheindeckung. Das temperamentvoll gezeichnete Kraut im Vordergrund und die mit mittlerem Druck angelegten Fahrspuren auf der ungeteerten Straße vervollständigen die Zeichnung.

Der Profitip: Bei Zeichnungen auf getöntem Papier müssen die hellsten Stellen mit Weiß »gehöht« werden, um räumliche Wirkung zu erhalten.

1

2

3

Kohlezeichnung – Eine Porzellankanne

1. Für die Kohlezeichnung benötigen Sie ein Blatt rauhes Papier, einen Knetgummi oder etwas frische Brotkrume für Korrekturen (ein sauberer Borstenpinsel ist auch geeignet) – und natürlich ein Stück Zeichenkohle.
Ziehen Sie zunächst eine zarte senkrechte Linie, etwa in der Mitte des Blattes, als Mittelachse unserer Kanne. Zwei waagrechte Striche bestimmen die Höhe des Gefäßes, ein dritter die Höhe der Schulter. Legen Sie dann mit senkrechten Linien die Dicken von Bauch und Hals fest.
2. Nachdem Sie vorher auf einem anderen Blatt einige Ellipsen geübt haben, legen Sie nun – immer noch mit wenig Druck – auf den drei waagrechten Linien die runde Form der Kanne an. Die Wölbung des Deckels, die Konturen von Schnabel und Griff sowie die Silhouette der Kanne sind schnell angedeutet.
3. Nun präzisieren Sie mit kräftigeren Strichen die Umrisse und tasten sich vorsichtig an die Schatten heran. Hierbei ist es sehr wichtig, daß Sie das Modell genau beobachten. Zu dunkel geratene Flächen werden durch Betupfen mit Knetgummi oder Brot aufgehellt oder mit dem Borstenpinsel vorsichtig heller gebürstet. Losen Staub bläst man weg.
Auf dem weißen Papier sieht unsere Kanne recht dunkel aus. Schwärzen Sie jetzt noch den Hintergrund, so wirkt sie wesentlich heller und interessanter.

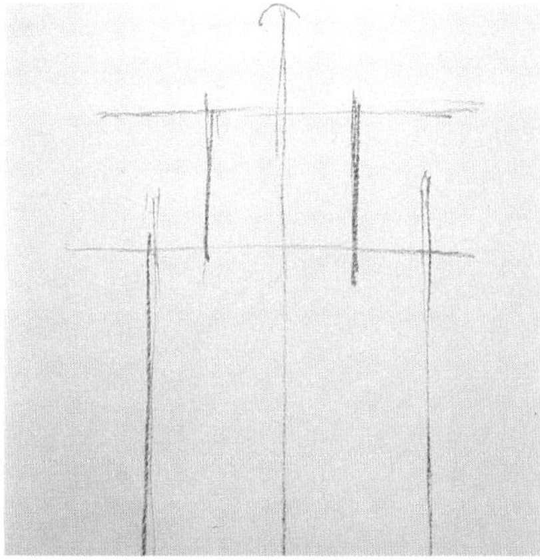
1

2

3

26.12.87

Tuschezeichnung – Drei Wassergläser

1. Für Tuschezeichnungen benützen Sie festes, relativ glattes Papier. Ist es zu weich, bleibt die Feder hängen, die Striche werden unsauber. Zunächst teilen Sie mit einem Bleistift Ihr Blatt ein, indem Sie die Mittelachsen der Gläser, deren Höhen und Durchmesser festlegen. Wenn Sie nun die Rundungen zeichnen, so beachten Sie, daß die Ellipse am oberen Glasrand etwas flacher ist als die am Boden.

2. Mit einer spitzen Stahlfeder werden die dunklen Reflexe an Böden und Rändern der Gläser gezeichnet. Dunkle Flächen erreichen Sie durch sich überkreuzende Strichlagen (Schraffuren).

Streifen Sie jedesmal nach dem Eintauchen die Feder am Tuscheglas ab – so vermeiden Sie Kleckse. Einen Fehler oder eine Unsauberkeit können Sie vorsichtig mit einer steil gehaltenen Rasierklinge wegschaben.

3. Nachdem die Zeichnung gut trocken ist, radieren Sie die Bleistiftvorzeichnung weg. Mit zarten Schraffuren, die etwa den Ellipsen folgen, erhalten die Gläser mehr Körper. Hiermit sollten Sie jedoch sparsam sein, die Gläser werden sonst schnell »undurchsichtig«.

Diese Durchsichtigkeit und auch der Glanz des Glases werden durch den Hintergrund betont. Beachten Sie, wie sich die geraden Konturen des Bleistifts und des dunklen Papierstückchens »verbiegen«, wenn man sie durch die Gläser betrachtet.

1

2

3

Eine Seite aus dem Skizzenbuch, Bleistift auf Papier
Das schnelle und lockere Zeichnen von Beobachtungen wie hier auf dem Parkplatz eines Wintersporthotels ist ein angenehmer Zeitvertreib und eine hervorragende Übung.

Leises Lied, Tusche auf Papier
Diese Zeichnung ist ganz mit mehr oder weniger dichten Schraffuren gestaltet, räumliche Wirkung wird durch Licht und Schatten erzeugt.

Stilleben mit Topfpflanze und roter Gießkanne, Farbstifte auf Papier

Die Vielfalt der Farben erproben

Sie können beim Zeichnen jederzeit unterbrechen.

Hier benötigen Sie kein besonderes Werkzeug.

Buntstifte, Pastell- und Ölpastellkreiden, Filzstifte oder Marker, halbrauhes Papier.

Ein Sortiment von 12 Buntstiften kostet etwa 14 DM. Für 12 Pastellkreiden müssen Sie ungefährt 17 DM, für 12 Ölpastellkreiden nur etwa 7 DM ausgeben. Teuer sind Marker: für einen müssen Sie ca. 7 DM bezahlen. Ingrespapier 48 × 63 cm kostet 0,75 DM, Cansonpapier 50 × 65 cm 1,80 DM. Ein Skizzenblock kostet weniger als 10 DM.

Deutlich unterscheidet sich die Aufnahmefähigkeit von Canson-, Ingres-, halbrauhem Zeichen- und Schreibmaschinenpapier: das rauhe Cansonpapier kann noch Kreide aufnehmen, das feine Korn des Schreibmaschinenpapiers ist schon gefüllt, ein weiterer Farbauftrag schmiert.

Farbige Zeichenmittel

Strichbeispiele auf getöntem Papier

Verschiedene Papiersorten

Buntstiftzeichnung – Äpfel

1. Mit vier locker gezeichneten Kreisen deuten Sie die Umrisse der Früchte an, wobei Sie schon den Grundfarbton des jeweiligen Apfels verwenden. Sind Sie noch unschlüssig, wie die Äpfel auf dem Papier verteilt werden sollen, so benutzen Sie zunächst einen weichen Bleistift.
In dieser Phase markieren Sie mit leichtem Strich die Stengel und die Einbuchtungen. Zarte blaue Linien umreißen die Schatten und deuten die Tischkante an.
2. Wenn Sie nun die Äpfel in deren Grundtönen anlegen, so sparen Sie die Glanzstellen noch aus. Die Farben sollen nicht durch Druck kräftiger werden, sondern durch das Übereinanderlegen mehrerer Schraffuren. Bei dieser Arbeitsweise bleibt die Buntstiftzeichnung länger mit einem Radiergummi korrigierbar.
3. Farbmischungen und weiche Übergänge erzielen Sie, indem Sie mit verschiedenen Farben übereinanderzeichnen. Beginnen Sie stets mit den zarteren Tönen und legen Sie dann die kräftigeren und dunkleren darüber. Die gleichmäßigen Flächen von Tischplatte und Hintergrund erreichen Sie, indem Sie den Stift am hinteren Ende halten und ganz flach über das Papier führen.

Der Profitip: Minen der Farbstifte brechen sehr leicht. Das Anspitzen ist oft ein Problem. Eine Spitzmaschine mit Handkurbel leistet gute Dienste.

1

2

3

Pastellzeichnung – Abendliche Landschaft

1. Auf getöntem Papier geben Sie sich mit Bleistift ein Rechteck von mindestens 30 ×40 cm Größe vor. Mit einer unauffälligen Farbe, etwa Grau oder Braun, zeichnen Sie den Horizont sowie den Umriß der Baumreihe. Legen Sie nun mit Gelb, Rosa, Weiß und Hellblau den Himmel an, wobei die Bäume ausgespart werden müssen.
2. Jetzt brechen Sie sich ein kleines Stück violetter Kreide ab und füllen damit die Konturen der Bäume.

Der Profitip: Konturen füllen Sie, indem Sie Kreide flach mit drehenden Bewegungen über das Papier ziehen.

Über dieses Violett gehen Sie in derselben Weise mit Schwarz. Genauso bearbeiten Sie die dunklen Partien unter den Bäumen. Der Papierton wirkt bei der Zeichnung mit, wenn Sie nur schwach aufdrücken.
Mit der Kante der Bruchstücke und leichtem Druck geben Sie die Baumstämme und einzelne Äste wieder. Ein leichtes Grau, flächig aufgetragen, sowie die lebhafte Struktur in kräftigem Grün unterlegen Mittel- und Vordergrund und geben der Zeichnung räumliche Tiefe.
3. Mit klopfenden Handbewegungen aufgetragen, verdichten verschiedene Grüntöne, ein wenig Ocker, Dunkelrot, später noch Violett und Schwarz den Vordergrund. Etwas Zinnoberrot und Orange verstärken die abendliche Stimmung.

1

2

3

Rendering – Modernes Telefon

1

2

3

1. Bei der Arbeit mit Markern sind halbsaugende Papiere wie Canson- und Layoutpapier am besten geeignet. Auf diesen erzielen Sie gute Farbverläufe.
Für das Telefon werden Marker in vier Grünabstufungen, ein helles Gelbgrün und drei Grautöne benötigt. Richten Sie sich nach dem Muster der Abbildung 1.
2. Sie beginnen mit einer Bleistiftvorzeichnung, auf der nicht nur die Form des Telefons, sondern auch Details wie Tastatur, Kabel und die Schlitze für die Schallöffnung der Klingel festgehalten sind.
Mit hellen Grüntönen und dem Gelbgrün beginnend legen Sie in sehr rascher Arbeitsweise Ihre Zeichnung an, wobei Sie die Glanzlichter aussparen. Mit dem dunklen Grün zeichnen Sie nun die Schatten und mit den grauen Markern die Tastatur. Der Glanz der Kunststoffoberfläche kann noch betont werden, indem man die Spiegelung der Tasten zeigt.
3. Nachdem Sie mit den grauen Stiften die Kabel gezeichnet haben, vertiefen Sie mit Dunkelgrau die Schatten in den Fugen und unter dem Hörer. Der Hintergrund wird zügig angelegt. Eine zweite Strichlage, senkrecht zur ersten, läßt die Fläche gleichmäßiger erscheinen.
Mit einem weißen Farbstift zeichnen Sie schließlich die Ziffern auf der Tastatur und beruhigen zu lebhafte Schatten. Unscharfe Konturen präzisieren Sie mit einem schwarzen Farbstift.

Mannequin, Mischtechnik auf Papier
Eine Bleistiftzeichnung wird mit Tusche laviert, das Mädchen mit Farbstiften gezeichnet. Den Hintergrund überarbeiten Sie mit Kohle, Pastellkreiden, Farbstiften und Ölpastellkreiden.

Farbenspiel mit Dispersion
Eingetrocknete Farbreste auf dem Rand einer alten Palette sowie die Mischungen in der Mitte ergeben mit den Spuren der frischen Farbe ein zufälliges, aber sehr interessantes Farbenspiel.

Erinnerungen an eine Landstraße in Mittelfrankreich, Aquarell

Malen mit zarten Farben

Selbst wenn Sie naß in naß arbeiten, müssen Sie sich nicht besonders beeilen. Sie können das Papier immer wieder mit dem Schwamm anfeuchten.

Schwamm, Handtuch zum Trocknen der Pinsel, Wasserglas, Deckel einer Tabaksdose.

Kadmiumrot hell, Krapplack, Kadmiumgelb, Ultramarinblau, Preußischblau, Aquarellpapier, Pinsel der Größen 4, 9 und 16.

Die Grundausstattung kostet weniger als 20 DM, ein Malkasten mit ausklappbarer Palette (12 Farben in guter Qualität) bereits 60 DM. Für Pinsel müssen Sie 5 DM bis 30 DM rechnen. Ein Aquarellblock mit 10 Blatt 32 × 24 cm kostet 15 DM bis 12 DM.

Für den Anfang genügt eine Grundausstattung. Diese Farben ergeben, in den Deckel einer Tabaksdose geklebt, einen Farbkasten, mit dem Sie über 6000 verschiedene Farbtöne mischen können.

Malkasten mit ausklappbarer Palette

Aquarellpinsel in großer Auswahl

Notwendige Utensilien

Beyer 87

Aquarellmalerei trocken – Zwiebeln

1. Befeuchten Sie zunächst mit dem Schwamm Ihr Aquarellpapier, und zwar von beiden Seiten, damit es sich nicht wellt. Hierdurch wird das Papier »aufgeschlossen«, es nimmt die Farbe gleichmäßiger an. Lassen Sie Ihr Blatt trocknen und zeichnen Sie mit wäßriger Farbe, die schon den Farbton der Zwiebel hat, die Umrisse des Objekts und den Linienverlauf des dürren Krauts. Verwenden Sie hierzu den Pinsel Nr. 4.

Der Profitip: Bevor Sie mit frisch gemischter Farbe zu malen beginnen, machen Sie einen Abstrich, um den Farbton zu kontrollieren.

2. Nachdem die Pinselvorzeichnung getrocknet ist, nässen Sie zunächst den Hintergrund und färben ihn sogleich mit dem Pinsel Nr. 16 ein. Ebenso verfahren Sie mit der Fläche, auf welcher die Zwiebeln liegen. Je feuchter das Papier ist, desto gleichmäßiger verläuft die Farbe. Bevor das Blatt ganz trocken ist, sollten noch die Schatten angelegt werden.

3. Um exakte Begrenzungen zu erhalten, müssen die Flächen trocken sein, die an die gerade zu bearbeitende Stelle angrenzen. Legen Sie nun die Zwiebeln farbig an und sparen Sie dabei die glänzenden Stellen aus. Sollten Teile etwas zu dunkel geraten sein, so können Sie diese mit einem sauberen feuchten Pinsel aufhellen.

1

2

3

Beyer 88

Aquarellmalerei naß in naß – Zwiebeln

1. Beginnen Sie ebenso wie beim trockenen Aquarell: Befeuchten Sie das Papier auf beiden Seiten. Alles Weitere geht nun wesentlich schneller! Auf dem noch nassen Blatt werden die Vorzeichnung und auch gleich der Hintergrund und die Tischfläche angelegt. Haben Sie keine Angst vor Ungenauigkeiten, bei dieser Art der Aquarellmalerei sind Zufälle sogar erwünscht!

2. Sollte das Papier schon getrocknet sein, so feuchten Sie es durch vorsichtiges Betupfen mit dem Schwamm wieder an. Malen Sie zunächst die Schatten, dann ganz locker das Kraut und erst jetzt die Zwiebeln. Diese Reihenfolge hat den Vorteil, daß die Form der Zwiebeln weitgehend erhalten bleibt.

3. Schnell noch ein paar Details hingetupft wie die orange-roten Linien auf der Zwiebelschale, die Wurzeln und die dunklen Stellen im Kraut – schon ist das Bild fertig. Erfahrene Aquarellmaler fertigen in dieser Technik ganze Serien von ein und demselben Motiv an und suchen sich dann das reizvollste und beste Blatt heraus. Sollten Sie also mit Ihrem ersten Versuch nicht zufrieden sein, so versuchen Sie es gleich noch einmal.

Der Profitip: Aquarelle bewahrt man in Mappen auf. Wollen Sie sie an die Wand hängen, so wählen Sie einen schattigen Platz, da die Farben im Sonnenlicht mit der Zeit ausbleichen.

1

2

3

Buchenhain, Dispersionsfarben auf Pappe, farblos lackiert

Kreatives und anspruchsvolles Gestalten

Bevor Sie beginnen zu malen, müssen Sie warten, bis die Grundierung getrocknet ist.

Porzellanteller als Palette, altes Handtuch, großes Wasserglas.

Zur Grundausstattung gehören je eine Flasche mit 250 g Inhalt der Farben Weiß, Gelb, Blau, Orange und Dunkelrot. Einfache Borsten- oder sogar Haushaltspinsel, feste Pappe, Span-oder Hartfaserplatte.

Ein Fläschchen Dispersionsfarbe kostet etwa 7 DM. Borstenpinsel sind billig, Maluntерlagen bekommen Sie vielleicht sogar geschenkt.

Dispersionsfarben sind mit Wasser bis zu aquarellartiger Konsistenz verdünnbare Farben, die nach dem Trocknen wasserunlöslich bleiben.

Der Profitip: Sie können beim Malen mit Dispersion gern billige Borstenpinsel, für feinere Arbeiten auch einfache Haarpinsel benutzen.

Farben der Grundausstattung

Geeignete preiswerte Pinsel

Porzellanteller als Palette

Dispersionsmalerei – Fensterausblick

1. Grundieren Sie mit weißer Dispersion eine Malfläche von etwa 30 × 40 cm. Nachdem die Grundierung getrocknet ist, legen Sie mit einem breiten Pinsel und stark verdünnter Farbe die Untermalung in kräftigen dunklen Tönen an. Ein wenig Weiß in der obersten grünen Partie schafft schon jetzt räumliche Tiefe. Mit einem halbtrockenen Pinsel tragen Sie mattes Orange auf den Bäumen im Bild-Mittelgrund auf. Zusammen mit dem blassen Gelb davor deuten Sie die tiefstehende, abendliche Herbstsonne an.

2. Setzen Sie als nächstes die kleinen Schuppen, die Holzstapel und dann den Zaun vor den Hintergrund. Kräftiges Gelb-Orange auf dem Giebel des rechten Schuppens betont im Kontrast zu den blaugrauen Tönen der Schatten die abendliche Stimmung. Den Zaun wie auch die Bäume hinter dem Schuppen malen Sie mit einem Haarpinsel und flüssiger Farbe.

3. Je mehr rotbraune, rote, orange- und rosafarbene Töne Sie verwenden, desto lebendiger wird das Herbstlaub der Rotbuche wirken. Setzen Sie, mit den dunklen Farben beginnend, in lockerer Anordnung einen Fleck neben den anderen. Ist die Farbe trocken, dann malen Sie die helleren Flecken darauf.

Über diese Landschaft malen Sie die Holzteile des Fensters zunächst in sehr dunklen Tönen und setzen dann die Lichter mit stark verdünnter Farbe auf.

1

2

3

Sydne und Schorsch, Dispersionsfarben auf Filz
Dieses etwas ungewöhnliche Portrait von Tochter und Vater entstand nach einer Blitzlicht-Fotografie. Daher rühren die auffälligen Hell-Dunkel-Kontraste.

Stilleben, Dispersion auf Holz
Bei dieser Objektstudie wurde versucht, die Gegenstände fotografisch exakt in Originalgröße wiederzugeben. Deckkraft und schnelle Trocknung der Dispersionsfarben erlauben zügiges Arbeiten.

Ammersee bei Schondorf, Primamalerei mit Ölfarben

Profitechnik für Hobbymaler

Für ein Bild benötigen Sie wegen der notwendigen Unterbrechungen mehrere Tage.

Lappen, Staffelei, Palette, zwei Blechnäpfe oder kleine Gläser.

Je eine 20 ml-Tube gebranntes Siena, Kadmiumrot dunkel, Zinnoberrot hell, Kadmiumgelb hell, Ultramarinblau hell, Preußischblau und Grüne Erde, Tube Deckweiß mit 55 ml Inhalt; Borstenpinsel Größe 6 oder 8, 12 und 18; als Malfläche Leinwand, Spezialpapier, Hartfaser- oder Spanplatten; Terpentinersatz und Malmittel zum Verdünnen.

Eine komplette Ausrüstung kostet etwa 85 DM. Eine Metallstaffelei erhalten Sie für etwa 100 DM.

Die früher den Meistern vorbehaltene Technik der Ölmalerei ist seit der industriellen Herstellung der dazu benötigten Farben und Hilfsmittel auch von jedem interessierten Laien anwendbar.

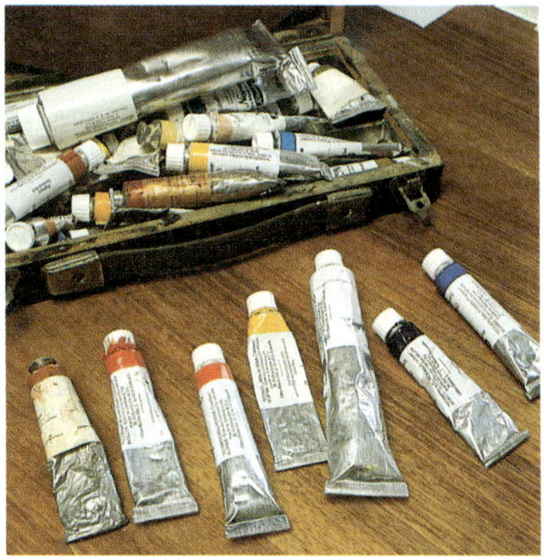

Grundausstattung

Armpalette richtig gehalten

Die nötigen Hilfsmittel

1

2

Zu einer Grundausstattung besorgen Sie sich wegen der besseren Brillanz und Lichtbeständigkeit Künstler- und keine Studio-Ölfarben. Ohne Bedenken können Sie Pinsel mit unlackiertem Holzstiel kaufen: diese sind billiger, aber nicht schlechter als andere. Für Sie geeignete Paletten gibt es in verschiedenen Ausführungen.
Eine Malfläche, Terpentinersatz und ein Lappen zum Pinselreinigen sowie ein Fläschchen Malmittel zum Verdünnen der Farben gehören zu Ihrer Ausrüstung. Das Malmittel sollte die Trocknung der Farben weder beschleunigen noch verzögern.

Der Profitip: Terpentinersatz darf niemals in das Grundwasser gelangen! Sammeln Sie es und geben Sie es bei der Problemmüllsammlung ab.

1. Im Fachhandel bietet man Ihnen verschiedene geeignete Malflächen für Ölmalerei an. Die Abbildung 1 zeigt von oben nach unten:
Einen mit grundierter Leinwand bespannten Keilrahmen, 24 × 30 cm groß; einen Ölmalblock mit 10 Blättern Spezialpapier mit Leinenstruktur 24 × 32 cm; eine Hartfaserplatte, die mit weißer Außendispersion grundiert wurde.
Hartfaser-und Spanplatten sind in kleineren Größen beim Schreiner oder in den Holzabteilungen der Heimwerkermärkte oft kostenlos erhältlich. Mit einer guten Außendispersion grundiert ergeben sie ausgezeichnete Malflächen.
Geeignete Grundierungen sind bei der Ölmalerei unbedingt erforderlich, da unbehandelte Papiere und Platten die Bindemittel und Öle aus den Farben saugen. Dadurch wird die Ölfarbe stumpf und verliert ihre Haftung auf dem Untergrund.

2. Im Fachhandel sind Sperrholzpaletten in verschiedenen Formen und Größen erhältlich. Die abgebildete mißt 24 × 35 cm. Beim Malen im Freien oder auf Reisen haben sich Papierpaletten bewährt. Sie bestehen aus Pergamentblättern, die zu einem palettenförmigen Block 24 × 32 cm, zusammengeleimt sind.

3. Als recht zweckmäßig hat sich die hier abgebildete Einteilung der Palette erwiesen: einem unbeabsichtigten Verschmutzen der Farben wird so am besten vorgebeugt. Drücken Sie von jeder Farbe einen Klecks in der Größe eines Haselnußkerns aus der Tube und setzen Sie ihn an den Palettenrand. Damit bleibt genügend Fläche zum Mischen erhalten. Bei Weiß benötigen Sie ungefähr die dreifache Menge. Zum Mischen entnehmen Sie diesen Farbvorräten nur ganz geringe Mengen, lieber öfter wenig als einmal zuviel!

In die Blechnäpfchen an der Palette geben Sie Malmittel oder Terpentinersatz. Die Gefäße müssen unbedingt, genauso wie die Pinsel, nach getaner Arbeit mit Terpentinersatz gereinigt werden.

4. Die Abbildung zeigt Beispiele aus einer unübersehbaren Vielfalt von Staffeleien: links eine leichte Studiostaffelei, in der Mitte eine stabile Tischstaffelei und rechts eine mit Teleskopbeinen ausgestattete Feldstaffelei zum Malen im Freien.

Mittlerweile ist im Handel auch eine sehr stabile aber leichte Metallstaffelei erhältlich, die alle drei Zwecke erfüllt. Sie ist mit Teleskopbeinen ausgerüstet und verfügt über eine Befestigungsvorrichtung für Malflächen in verschiedensten Größen.

Eine stabile Staffelei ist beim Malen auf größeren Formaten unentbehrlich, denn sie ermöglicht es erst, das Bild zu überblicken.

3

4

Primamalerei – Stilleben mit Gläsern und Flaschen

Der Begriff »Primamalerei« leitet sich ab aus dem italienischen »a prima vista«, was so viel bedeutet wie »etwas auf den ersten Blick erfassen«. Bei dieser Malweise wird der jeweils benötigte Farbton möglichst exakt auf der Palette vorgemischt und sogleich im Bild verwendet.

1. Fertigen Sie mit Zeichenkohle oder einem Bleistift, Härte 2B, auf einer Malfläche von etwa 25 × 35 cm die Vorzeichnung an.

2. Mit den dunkelsten Tönen beginnend malen Sie zunächst die Flaschen. Tragen Sie die Farben mit einem Borstenpinsel Größe 8 sparsam auf, damit beim Malen keine unbeabsichtigten Farbmischungen entstehen, die das Bild verschmutzen.
Mit scharfen Hell-Dunkel-Kontrasten vermitteln Sie den Eindruck von Glanz und Durchsichtigkeit.

3. Besonders deutlich wird dies bei der Bierflasche: ein tiefes Braun, gemischt aus gebranntem Siena und wenig Preußischblau läßt im Zusammenspiel mit dem warmen Orange, gemischt aus Zinnoberrot, Gelb und sehr wenig Preußischblau die Transparenz schon deutlich erkennen.
Auf Details kann hier weitgehend verzichtet werden. Die blaue Farbe der Etiketten, aus Ultramarinblau und etwas dunklem Kadmiumrot sowie Deckweiß ermischt, steigert die Wirkung der braunen und orangefarbenen Töne. Das dunkle Rot der Manschetten um die grünen Flaschenhälse

1

2

3

4

erhalten Sie durch Mischen von dunklem Kadmiumrot und ein wenig Preußischblau. Wieder dunkles Kadmiumrot, etwas Ultramarinblau und Deckweiß ergeben das Rosa-Violett für das Etikett der Sektflasche.

4. Nachdem noch die Flächen der Etiketten auf der Weinflasche gemalt wurden, beginnen Sie jetzt mit der Darstellung der Gläser. Fangen Sie auch hier mit den dunkelsten Tönen an. Diese erzielen Sie, indem Sie Preußischblau und gebranntes Siena mischen. Tragen Sie die Farbe sparsam und mit lockerem Strich auf.

5. Geben Sie zur letzten Farbmischung etwas Deckweiß und malen Sie damit die Schatten, welche die Gläser und Flaschen auf Tischplatte und Wand werfen.

Dem Rest Ihrer grauen Farbe fügen Sie wieder etwas Weiß hinzu. Sie füllen damit die restlichen freien Flächen im Bereich der Tischplatte und auch dort, wo man sie durch die Gläser hindurch sieht.

6. Tragen Sie nun die Glanzlichter auf den Gläsern auf, indem Sie reines Deckweiß auf die entsprechenden Stellen tupfen. Mit wenig weißer Farbe im Pinsel präzisieren Sie den Rand des Sektkelchs und malen die hellen Stellen in Boden und Fuß. Auf dieselbe Weise bearbeiten Sie den Krug.

Mit einem leicht grau getönten Weiß wird der Hintergrund angelegt, eine mittelgraue Linie trennt die Tischplatte deutlich von der Wand. Zum Schluß setzen Sie noch ein paar Details wie die zarten Glanzlichter auf den Öffnungen der Flaschen.

Der schmale Goldrand auf den Etiketten der Bierflasche entsteht aus einer Mischung von Gelb, Zinnoberrot und etwas Preußischblau. An seinen hellglänzenden Stellen verwenden Sie Gelb, Weiß und etwas Zinnoberrot.

6

5

Haus in hügeliger Landschaft versteckt, Primamalerei.

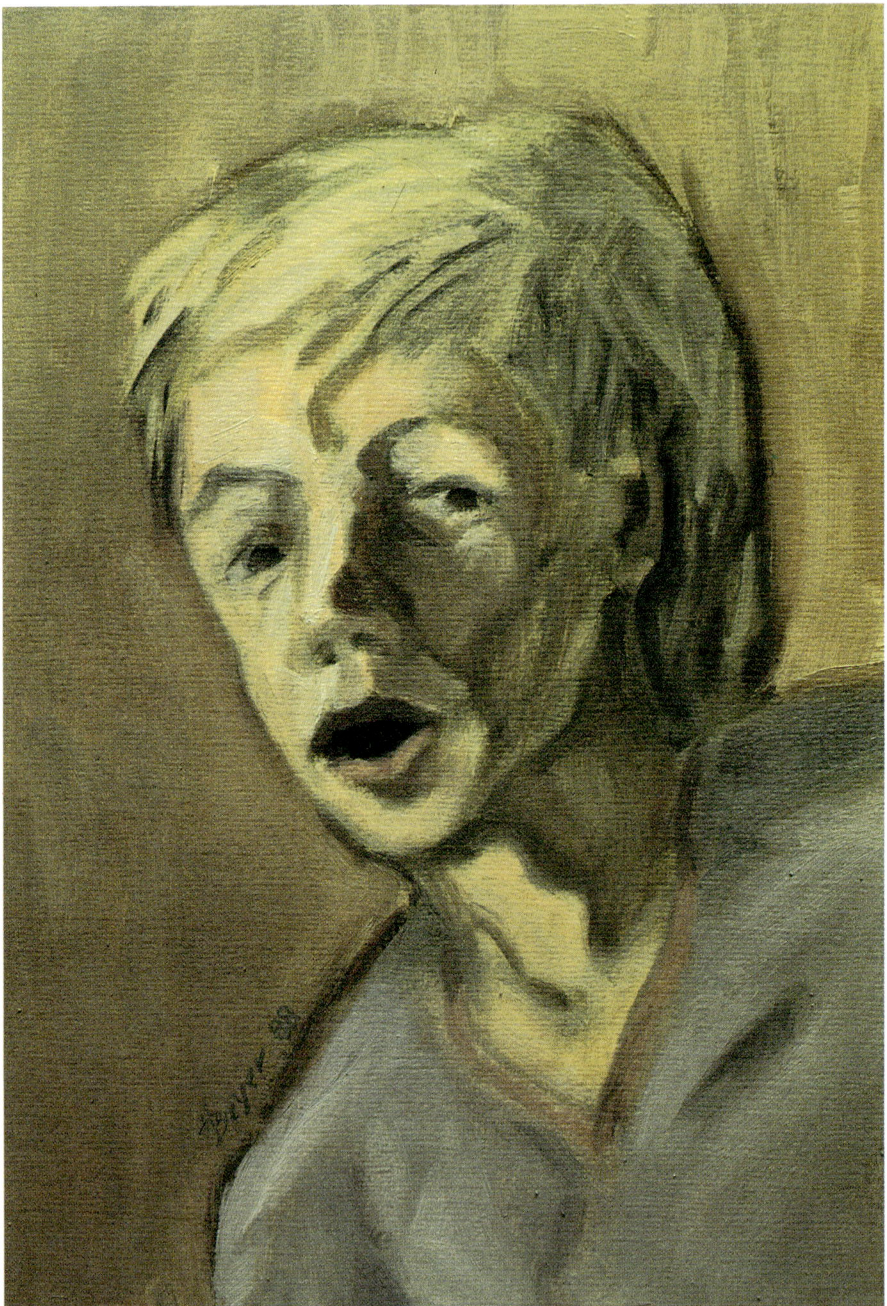

Schichtenmalerei – Portrait »Schwätzer«

1. Diese Technik erlaubt vorsichtiges, schrittweises Vorgehen, sie ist eine Vorstufe zu der von den Alten Meistern angewandten Lasurmalerei.
Verwenden Sie für dieses Bild eine Malfläche 25 × 35 cm, einen Borstenpinsel Nr. 8 und etwas Terpentinersatz als Malmittel.
Bei der Ölmalerei gilt für verdünnte Farben immer die Regel: »Fett auf mager«. Untere Farbschichten müssen möglichst arm an Ölen sein, um zu vermeiden, daß sich später Risse bilden.
Sie legen die Untermalung an, indem Sie etwas Grüne Erde mit dem Pinsel aufnehmen, ihn kurz in Terpentin tauchen und diese transparente Mischung auftragen. Für dunkle Partien verwenden Sie wenig oder gar keine Verdünnung, sehr helle Stellen lassen Sie noch unbearbeitet.
2. Nach etwa einem Tag können Sie mit der Arbeit fortfahren. Legen Sie zunächst die lichtbeschienenen Partien des Gesichts mit einer sehr hellen Orangeausmischung aus Kadmiumgelb, Zinnoberrot und Deckweiß an. Der Pullover wird mit einem blassen Violett aus Kadmiumrot, Ultramarinblau und Weiß bei sehr sparsamem Farbauftrag gemalt, die Untermalung muß durchscheinen. Auch die Haare werden mager mit einer Mischung aus Kadmiumgelb, wenig Zinnober und Weiß übermalt.
3. Mit einem dunklen rötlichen Braun und reichlich Malmittel überarbeiten Sie die Schatten so transparent, daß die Grüne

1

2

3

4

Erde der Untermalung noch zu sehen ist. Mit einem ähnlichen Ton legen Sie den Hintergrund an.

Der Profitip: Unterbrechen Sie mehr als zehn Stunden, so warten Sie mindestens eine Woche. Ölfarben können naß in naß vermalt werden, frische Farbe auf nur halbtrockenen Schichten führt jedoch zu Rißbildungen.

4. Höhen Sie nun die hellsten Stellen mit etwas Deckweiß, besonders die Wange und den Nasenrücken. Das Portrait wirkt dadurch plastischer. Der Schatten auf der Nase wird mit einem verdünnten rötlichen Braun präzisiert.

5. Die Augäpfel stellen Sie mit einem sehr hellen Grau dar, reines Weiß wäre hier zu grell. Achten Sie darauf, daß Ihr Portrait nicht schielt! Das läßt sich kontrollieren, indem man die Gesichtshälften abwechselnd mit der Hand abdeckt.

Die rötliche Farbe der Lippen, mit Kadmiumrot angemischt, kehrt am Ausschnitt des Pullovers wieder. Mit einem hellen gelblichen Orange, reichlich mit Malmittel verdünnt, harmonisieren Sie den Hintergrund. Die blonden Haare werden durch ein paar grauviolette Schatten belebt.

6. Ein Bild wird immer ruhig und harmonisch wirken, wenn es aus wenigen Farbklängen besteht, deren einzelne Töne an verschiedenen Stellen erscheinen. Übermalen Sie noch den Pullover mit einem transparenten Grauviolett, gemischt aus Kadmiumrot, Ultramarinblau, etwas Zinnoberrot und Deckweiß. Die Gesamtfarbigkeit besteht nun aus einem Komplementärkontrast mit Gelb und Violett.

7. Als Vorlage für den »Schwätzer« diente diese kleine Bleistiftzeichnung.

5

6

7

Experimente mit effektvollen Mitteln

Sicher macht es auch Ihnen Freude, hin und wieder ein wenig zu experimentieren. Nur Mut! Die in diesem Buch vorgestellten Techniken lassen sich alle kombinieren. Nur sollten Sie stets den aus der Ölmalerei bekannten Grundsatz beachten: fett auf mager arbeiten!

So ist es beispielsweise möglich, eine lavierte Tuschezeichnung auf Karton mit Dispersionsfarben zu bearbeiten und darauf mit Ölfarben weiterzumalen. Mit Terpentinersatz verwaschene Ölpastellkreiden über einer Buntstiftzeichnung auf Dispersionsmalerei führen auch zu sehr reizvollen Ergebnissen.

1. Ein Blatt Schreibmaschinenpapier wurde nacheinander auf verschiedene Reklamefotos gelegt und mit Nitroverdünnung bestrichen. Dadurch übertrug sich die Druckfarbe auf das Papier.

Die so gewonnene »Collage« konnte nach dem Trocknen mit Farbstiften weiter bearbeitet werden. Einzelne helle Stellen wie der Hemdkragen des Mannes und der Ohrring der Frau können Sie der größeren Leuchtkraft wegen mit Dispersion bearbeiten.

Gesichter, Kleidung und Hintergrund sind mit Ölpastellkreiden übermalt. Stellenweise wurde diese Farbschicht mit einem in Nitroverdünnung getränkten Tuch wieder herausgewaschen.

Einige Details wie den Haaransatz des Mannes und die Augen beider Personen verdeutlichen Sie am besten mit einem schwarzen Farbstift, andere Einzelheiten ergänzen Sie mit Ölpastellkreiden.

2. Eine andere Möglichkeit, spielerisch zu neuen Bildideen zu kommen, ist die Verwendung eines unebenen Untergrunds bei der Malerei mit Dispersionsfarben. Grundieren Sie eine Spanplatte mit einer Mischung aus weißer Außendispersion und feinkörnigem Quarzsand aus der Baustoffhandlung. Nachdem diese Grundierung vollständig trocken ist, bestreichen Sie die Fläche mit dunkler, etwas verdünnter Dispersion.

Sobald die Farbe leicht angetrocknet ist, bürsten Sie kräftig mit einem Pinsel und viel Wasser darüber. Dadurch wird noch lösliche Farbe herausgewaschen.

Nachdem Sie diesen Vorgang auf Ihrer Platte mehrmals wiederholt haben, werden Sie recht interessante Flecken, Muster und Farbigkeiten erkennen. Betrachten Sie die entstandenen Strukturen etwas länger: mit etwas Fantasie können Sie diese zu Gegenständen und Figuren verdeutlichen. Manchmal genügen nur wenige Farben und Pinselstriche.

Dispersionsgrundierungen lassen sich auf vielfache Weise strukturieren, etwa durch Beimengung von Sägemehl oder durch Spachteln. Eine Leinenstruktur entsteht, wenn Sie eine Schicht Dispersionsfarbe der Länge nach auf die Platte streichen und, nachdem sie trocken ist, eine zweite quer darüberlegen.

Der Profitip: Stark strukturierte Dispersionsmalereien wie die auf einer Grundierung mit Sand sollten Sie mit einer farblosen Dispersionslasur schützen. Durch diese Lackierung wirken die Farben intensiver.

1

2

Hut, Kohle und weiße Kreide auf Packpapier
Das Braun des Packpapiers tritt als farbiges Element zur Schwarz-Weiß-Zeichnung hinzu. Wo sonst das Papier die Helligkeit bildet, muß diese hier mit weißer Kreide gezeichnet werden.

Ein Gespräch, Blei- und Farbstift auf Pappe
Nachdem die Komposition mit Bleistift angelegt war, wurde sie mit hellen, kühlen Tönen überarbeitet. Der warme Ockerton der vergilbten Pappe wirkt als Farbe mit.

Der qualitative Farbkreis

Dieser Farbkreis zeigt die Primärfarben und deren Ausmischungen erster und zweiter Ordnung. Primärfarben sind Gelb, Rot und Blau: diese Farben können nicht aus anderen Farben ermischt werden. Die Ausmischungen erster Ordnung aus diesen Primärfarben werden Sekundärfarben genannt, sie liegen in der Mitte zwischen den Primärfarben.

So ergeben Gelb mit Rot gemischt Orange, Rot mit Blau gemischt Violett, Blau mit Gelb gemischt Grün. Geschlossen wird der Kreis durch Farbtöne, die sich durch Mischen der Primärfarben mit den nächstliegenden Sekundärfarben ergeben, also Gelb-Orange, Gelb-Grün, Rot-Orange, Rot-Violett, Blau-Violett und Blau-Grün.

Farben, welche sich im Farbkreis gegenüberliegen, werden als Komplementärfarben bezeichnet. Eine Mischung aus gleichen Anteilen solcher gegenüberliegenden Farben wird meist sehr dunkel und schmutzig wirken, wenn man sie mit den Primärfarben vergleicht. Werden sie aber zu ungleichen Teilen gemischt, so entsteht die reichste Palette an natürlichen und ruhigen Farbtönen.

Dieses Phänomen wird in der Abbildung deutlich: Die als Primärfarbe Rot verwendete Dispersion war ein wenig gelbstichig. So ergab sich bei der Mischung mit Blau kein leuchtendes Violett, sondern ein tiefer Braunton.

Die Primärfarben und deren Ausmischungen.

Kegel, Kugel und Würfel, Graphitstift 6B auf Schreibmaschinenpapier
Mit Formen ebenso wie mit Farben können
verschiedene Gefühle ausgedrückt und auch geweckt werden.

Kegel, Kugel und Würfel, Farbstifte auf Schreibmaschinenpapier
Das Dreieck, die Pyramide und der Kegel bedeuten
Lebendigkeit, Aggressivität. Dem entspricht die Farbe »Gelb«.

Kegel, Kugel und Würfel, Aquarell auf feinkörnigem Aquarellpapier
Kreis und Kugel sind geschlossen. Ihre Farbe ist »Rot«.

Kegel, Kugel und Würfel, Dispersion auf weiß grundierter Pappe
»Blau« ist die Farbe des Würfels und des Quadrats. Sie symbolisieren das Geistige.